Este libro le pertenece a:

_____

MW01154867

Ninja Life Hacks™

Este libro está dedicado a mis hijos – Mikey, Kobe y Jojo.
La verdad los hará libres.

Copyright © Grow Grit Press LLC. Todos los derechos reservados. Ninguna parte de este libro puede ser reproducida en ninguna forma sin el permiso por escrito de la editorial. Por favor, envíe solicitudes de pedido al por mayor a growgritpress@gmail.com
978-1-63731-364-0 Impreso y encuadernado en los Estados Unidos. NinjaLifeHacks.tv

El Ninja Deshonesto

Por Mary Nhin

No pensé que estuviese lastimando a nadie cuando elegí no decir la verdad.

Pero lo que no entendía era que cada vez que mentía,
estaba lastimando a alguien...

Cuando dije una mentira, me cambió un poco cada vez.

Si estirara la verdad para impresionar a los demás,
nunca me haría sentir lo suficientemente bien.

Cuando no decía la verdad para conseguir lo que quería, me preocupaba que me descubrieran.

Y cuando mentía para evitar meterme en problemas, me sentía culpable por mentir.

Pero cambié para siempre, después que le pasará algo en la escuela...

El Ninja Deshonesto estaba jugando en el recreo cuando notó algo brillante en el césped. Lo recogió y se dio cuenta de que era un reloj.

El Ninja Tímido se acercó y dijo: "¡Oh! Eso es mío".

Durante el resto del día, me dolía el estómago. No podía concentrarme. Y cuando llegó el momento de mi actividad favorita, tampoco podía disfrutarla.

En la cena, apenas podía comer.

-A veces, digo cosas por las que me siento mal -respondí cuando mi mamá me preguntó qué me pasaba.

Al día siguiente en la escuela, me acerqué a la Sra. Payne y le dije...

A partir de ese momento, decidí decir siempre la verdad, pase lo que pase. Me gusta la forma que me hace SENTIR cuando digo la verdad.

Ser honesto me ayuda a sentirme tan despreocupado como un pájaro.

Tu mejor arma contra la deshonestidad es recordar que el decir la verdad te libera de la preocupación y la culpa.

¡Visita ninjalifehacks.tv para obtener imprimibles divertidos gratis!

 @marynhin   @officialninjalifehacks
#NinjaLifeHacks

 Mary Nhin   Ninja Life Hacks

Ninja Life Hacks

 @officialninjalifehacks

Made in the USA
Las Vegas, NV
10 October 2023

78917960R00019